LIVRO DE COLORIR

JARDIM DOS SONHOS ESPECIAL

MANDALAS MODERNAS

ARTE ANTIESTRESSE

Presidente: Paulo Roberto Houch
Vice-Presidente Editorial: Andrea Calmon
redacao@editoraonline.com.br

REDAÇÃO
Jornalista Responsável: Andrea Calmon – MTB 47714
Editora: Priscilla Sipans

PROGRAMAÇÃO VISUAL
Coordenador de Arte: Renato Marcel
diagramacao@editoraonline.com.br

ESTÚDIO FOTOGRÁFICO
Fotógrafa: Fernanda Venâncio

PRODUÇÃO FOTOGRÁFICA
Coordenadora: Elaine Simoni
elainesimoni@editoraonline.com.br

PUBLICIDADE
Gerente Comercial: Elaine Houch
Supervisores: Bernard Correa e Gisele França
Agências: agencia@editoraonline.com.br
Executivos de Contas : Antonio Demésio, Camila Vinhas e Luciana Lemes
Operações Comerciais: Joelma Lima
Designer Gráfico Publicidade : Wesley Sosin
Representantes:
Brasília - (61) 3034-3704
Rio de Janeiro – (21) 3598-1172
Rio Grande do Sul - (51) 3374-5672

MARKETING
Supervisor de Marketing: Vinícius Fernandes
Assistente de Marketing: José Antônio da Silva

CANAIS ALTERNATIVOS
Luiz Carlos Sarra
DEP. VENDAS
(11) 3687-0099
vendaatacado@editoraonline.com.br

LOGÍSTICA E ARMAZENAGEM
Luiz Carlos Sarra
luizcarlos@editoraonline.com.br

ADMINISTRAÇÃO
Diretora Administrativa: Jacy Regina Dalle Lucca
financeiro@editoraonline.com.br

CRÉDITO E COBRANÇA
cobranca@editoraonline.com.br

ASSINATURAS CORPORATIVAS
Consulte sobre descontos e condições especiais, entre em contato e solicite uma proposta direto com o IBC (11) 3393-7717 ou através do e-mail.:
pamelacorrea@editoraonline.com.br

ASSINATURAS: assinatura@editoraonline.com.br

Impresso por **PROL**
Distribuição no Brasil por **Dinap**

Jardim dos sonhos especial - Mandalas Modernas é uma publicação do IBC - Instituto Brasileiro de Cultura Ltda. – Caixa Postal 61085 – CEP 05001-970 – São Paulo – SP – Tel.: (0**11) 3393-7777

Números Atrasados com o IBC ou por intermédio do seu jornaleiro ao preço da última edição acrescido das despesas de envio.
Para adquirir com o IBC – www.revistaonline.com.br, Tel.: (0**11) 3512-9477 ou Caixa Postal 61085 - CEP 05001-970 - São Paulo - SP.

Compras pela internet:
www.revistaonline.com.br

On line
EDITORA

VIVA MOMENTOS DE PURO BEM-ESTAR

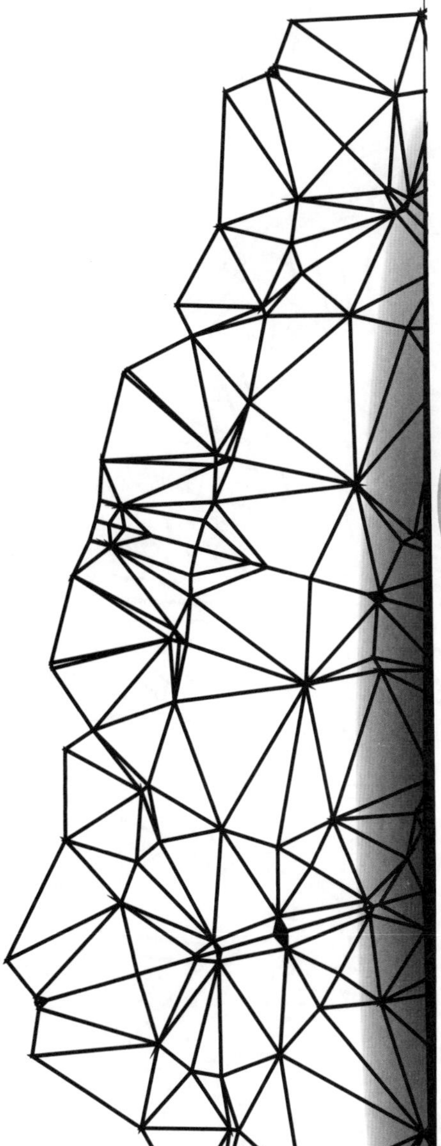

Quer fazer algo diferente em seu dia a dia, mas não sabe o que é? Então, apresentamos três motivos para investir o seu tempo na arte de colorir:

é uma terapia antiestresse que deixará seus dias muito mais leves e prazerosos;

ao término de cada pintura, sua autoestima estará elevada – e você nem precisa ser um "mestre da pintura";

basta ter lápis de cor e muita criatividade para ser feliz!

Se você gostou dos possíveis resultados, encante-se com este livro que apresenta desenhos de mandalas modernas – símbolos de harmonia e equilíbrio. Quer sentimentos mais inspiradores para a sua vida?

Outra dica fundamental para curtir ainda mais o prazer de colorir é esquecer – nem que seja por alguns instantes – de seus possíveis problemas. Aqui, só há espaço para seus sonhos, e isso inclui horas ou minutos de relaxamento. Somente tendo momentos de puro bem-estar, é que se sentirá fortalecido para driblar qualquer desafio e conquistar o que tanto deseja. Então, não perca mais tempo! Separe seu arsenal de lápis de cor e dê asas à criatividade! Se existe um caminho para a paz interior, ele começa bem ali, na próxima página!

Um grande abraço,
Os Editores

redacao@editoraonline.com.br
www.revistaonline.com.br

"Eu amo tudo o que foi
Tudo o que já não é
A dor que já me não dói
A antiga e errônea fé
O ontem que a dor deixou,
O que deixou alegria
Só porque foi, e voou
E hoje é já outro dia."

Fernando Pessoa

"Se sou amado,
quanto mais amado
mais correspondo ao amor.

Se sou esquecido,
devo esquecer também,
Pois amor é feito espelho:
tem que ter reflexo."

Pablo Neruda

"Amar sem penar é bem raro...
O verbo cumprir custa caro...
Amor é bem fácil achar...
O que acho mais difícil...
É saber amar..."

Albert Eisntein

"Amar o perdido
deixa confundido
este coração.

As coisas tangíveis
tornam-se insensíveis
à palma da mão

Mas as coisas findas
muito mais que lindas,
essas ficarão."

Carlos Drummond
de Andrade

"Amo-te tanto, meu amor ... não cante
O humano coração com mais verdade...
Amo-te como amigo e como amante
Numa sempre diversa realidade.

Amo-te afim, de um calmo amor prestante
E te amo além, presente na saudade.
Amo-te, enfim, com grande liberdade
Dentro da eternidade e a cada instante...

...Amo-te como um bicho, simplesmente
De um amor sem mistério e sem virtude
Com um desejo maciço e permanente.

E de te amar assim, muito e amiúde
É que um dia em teu corpo de repente
Hei de morrer de amar mais do que pude."

Vinícius de Moraes

"Minha vida não foi um romance...
Nunca tive até hoje um segredo.
Se me amar, não digas, que morro
De surpresa... de encanto... de medo...

Minha vida não foi um romance
Minha vida passou por passar
Se não amas, não finjas, que vivo
Esperando um amor para amar...

...Minha vida não foi um romance...
Pobre vida... passou sem enredo...
Glória a ti que me enches de vida
De surpresa, de encanto, de medo!

Minha vida não foi um romance...
Ai de mim... Já se ia acabar!
Pobre vida que toda depende
De um sorriso.. de um gesto.. um olhar..."

Mario Quintana

"De longe te hei de amar
da tranquila distância
em que o amor é saudade
e o desejo, constância.

Do divino lugar
onde o bem da existência
é ser eternidade
e parecer ausência...

...Quem precisa explicar
o momento e a fragrância
da Rosa, que persuade
sem nenhuma arrogância?

E, no fundo do mar,
a Estrela, sem violência,
cumpre a sua verdade,
alheia à transparência."

Cecília Meireles

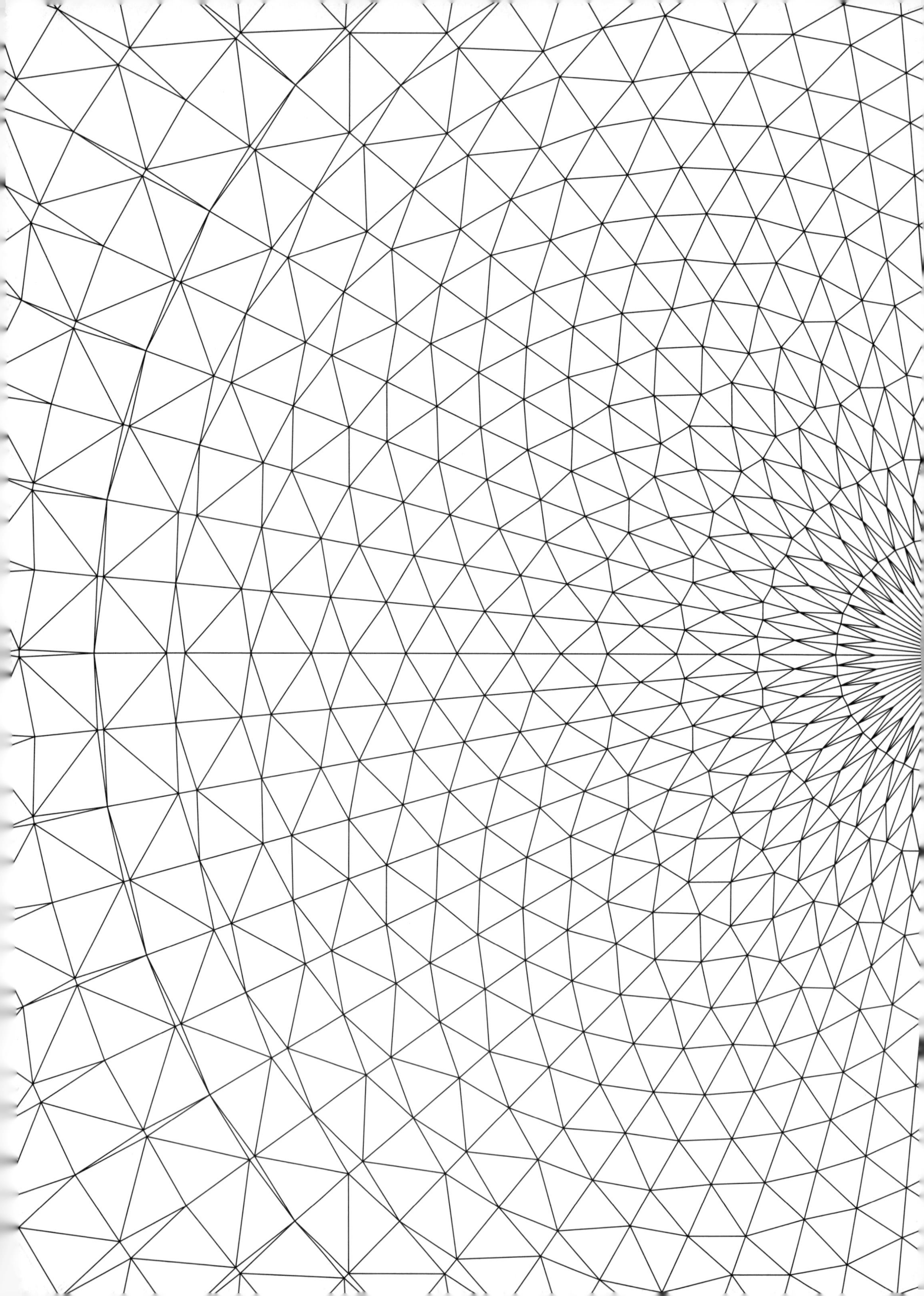

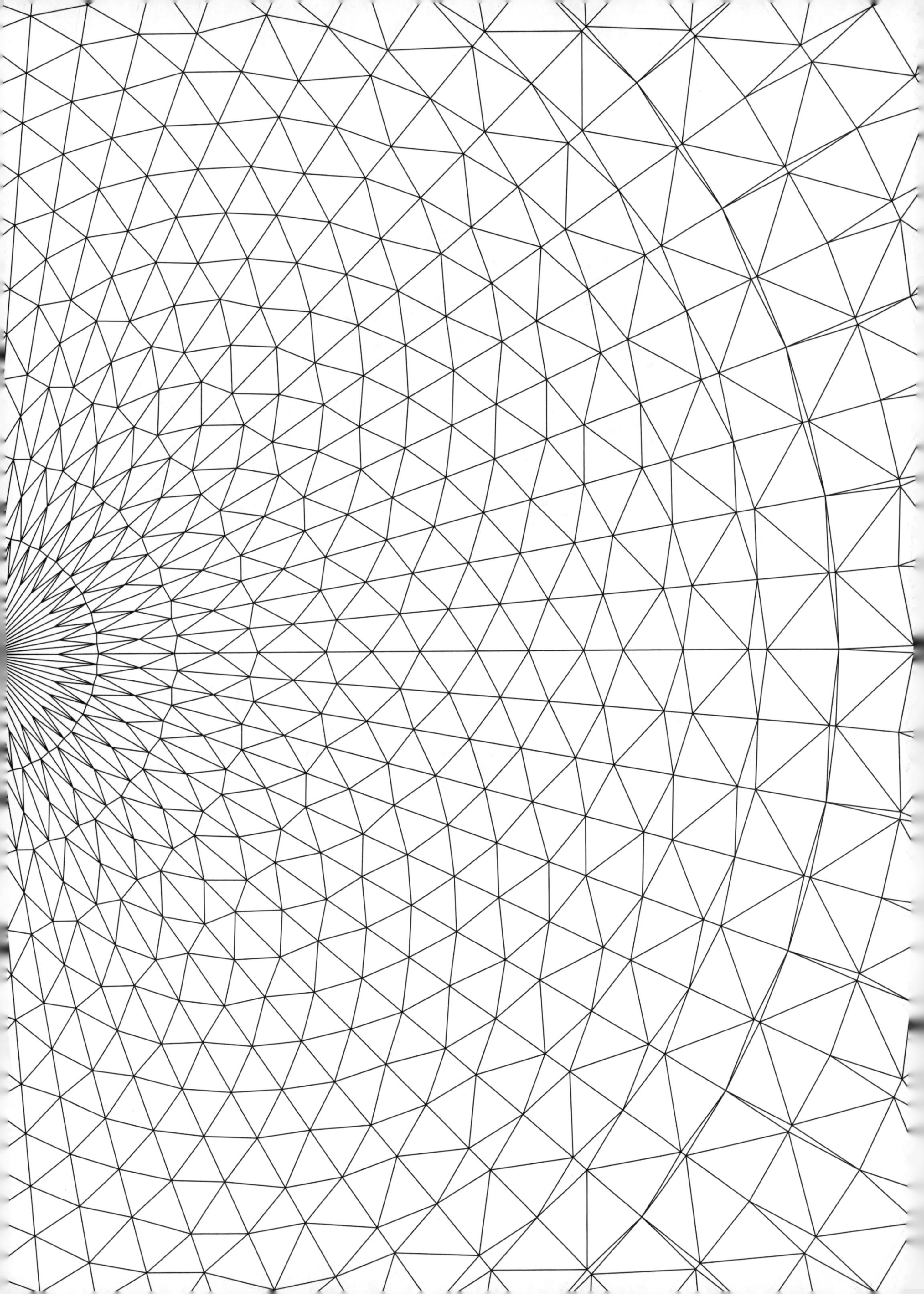

"Ah o amor...
que nasce não sei onde,
vem não sei como,
e dói não sei porquê."

Luís de Camões

"Passei a vida tentando
corrigir os erros
que cometi na minha
ânsia de acertar."

Clarice Lispector

"Se temos de esperar,
que seja para colher a semente boa
que lançamos hoje no solo da vida.
Se for para semear,
então que seja para produzir
milhões de sorrisos,
de solidariedade e amizade."

Cora Coralina

"Viva hoje!
Arrisque hoje!
Faça hoje!
Não se deixe morrer lentamente!
Não se esqueça de ser feliz"

Pablo Neruda

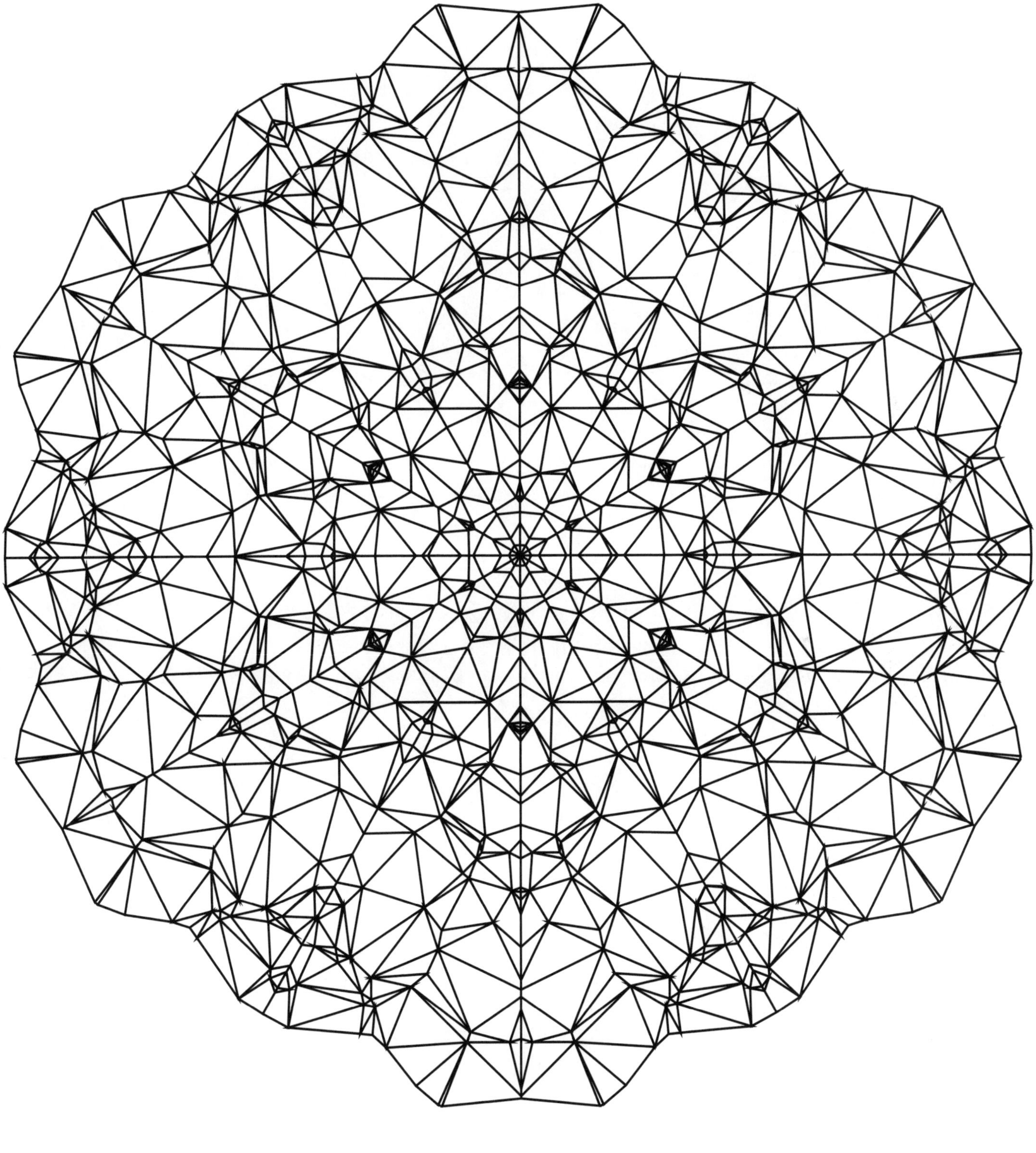

"Viva hoje!
Arrisque hoje!
Faça hoje!
Não se deixe morrer lentamente!
Não se esqueça de ser feliz"

Pablo Neruda

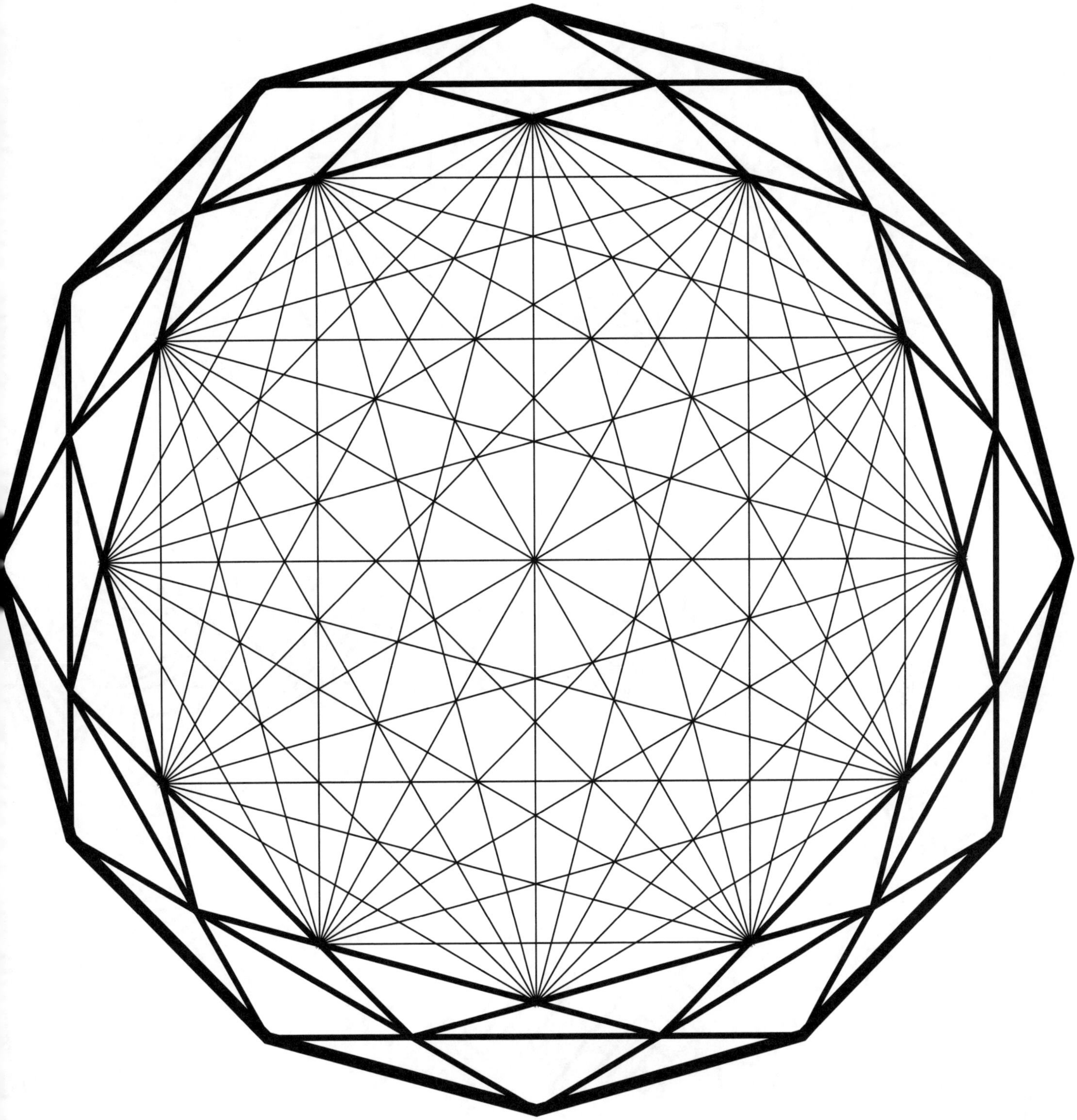

"SONHE COM AQUILO QUE VOCÊ QUER SER,
PORQUE VOCÊ POSSUI APENAS UMA VIDA
E NELA SÓ SE TEM UMA CHANCE
DE FAZER AQUILO QUE QUER

TENHA FELICIDADE BASTANTE PARA FAZÊ-LA DC
DIFICULDADES PARA FAZÊ-LA FORTE.
TRISTEZA PARA FAZÊ-LA HUMANA.
E ESPERANÇA SUFICIENTE PARA FAZÊ-LA FELIZ...

...As pessoas mais felizes não tem as melhores coisas.
Elas sabem fazer o melhor das oportunidades
que aparecem em seus caminhos.

A felicidade aparece para aqueles que choram.
Para aqueles que se machucam
Para aqueles que buscam e tentam sempre.
E para aqueles que reconhecem
a importância das pessoas que passaram por suas vidas."

Clarice Lispector

"NÃO TENTE ADIVINHAR O QUE AS PESSOAS PENSAM A SEU RESPEITO.
FAÇA A SUA PARTE, SE DOE SEM MEDO.
O QUE IMPORTA MESMO É O QUE VOCÊ É.
MESMO QUE OUTRAS PESSOAS NÃO SE IMPORTEM.
ATITUDES SIMPLES PODEM MELHORAR SUA VIDA.
NÃO JULGUE PARA NÃO SER JULGADO...
UM COVARDE É INCAPAZ DE DEMONSTRAR AMOR
- ISSO É PRIVILÉGIO DOS CORAJOSOS."

Mahatma Gandhi

DICAS PARA O SEU JARDIM FLORESCER

Com a mente em contato com os seus mais lindos sonhos, é fácil mandar para bem longe todo o estresse do dia a dia. Pois, então, prepare-se para encontrar a chave secreta e alcançar este grande feito: sentir-se livre, mesmo que por alguns instantes, de todas as preocupações que impedem você de enxergar com clareza o lado bom da vida.

E sabe qual é esta chave? Um lápis de colorir. Basta colocá-lo em contato com o papel para sentir a beleza que há em expressar seus sentimentos a cada traço de cor. Segundo os especialistas, a fuga da realidade é capaz de nos transportar para lugares inimagináveis e, diante dessas novas paisagens, é possível, sim, relaxar.

Não mais um passatempo da infância, colorir é uma atividade terapêutica, indicada para tratar a ansiedade em todo o mundo – e, acredite, se tornará uma atividade essencial em sua rotina. A cada pintura, será uma (re)descoberta interior.

Vale ressaltar que o estresse afeta cada vez mais pessoas em todo o mundo. De acordo com dados atuais da Organização Mundial da Saúde (OMS), o mal já atinge 70% da população brasileira, sendo que 30% possui níveis elevados de estresse. Gerado por inúmeros conflitos do dia a dia, a falta de bem-estar pode causar inúmeras doenças, desde uma simples alergia a um infarto fulminante.